This book belongs to:

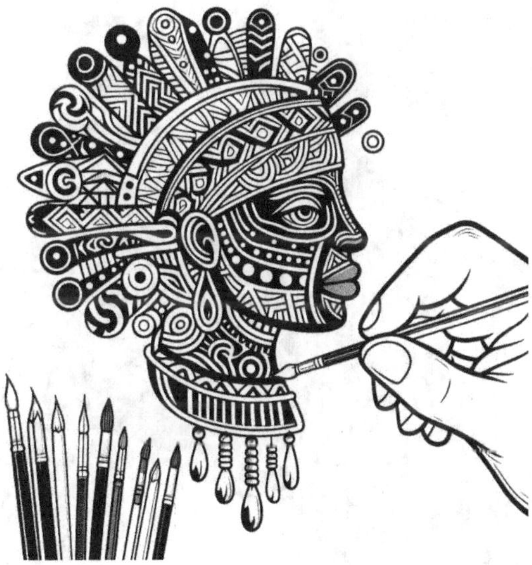

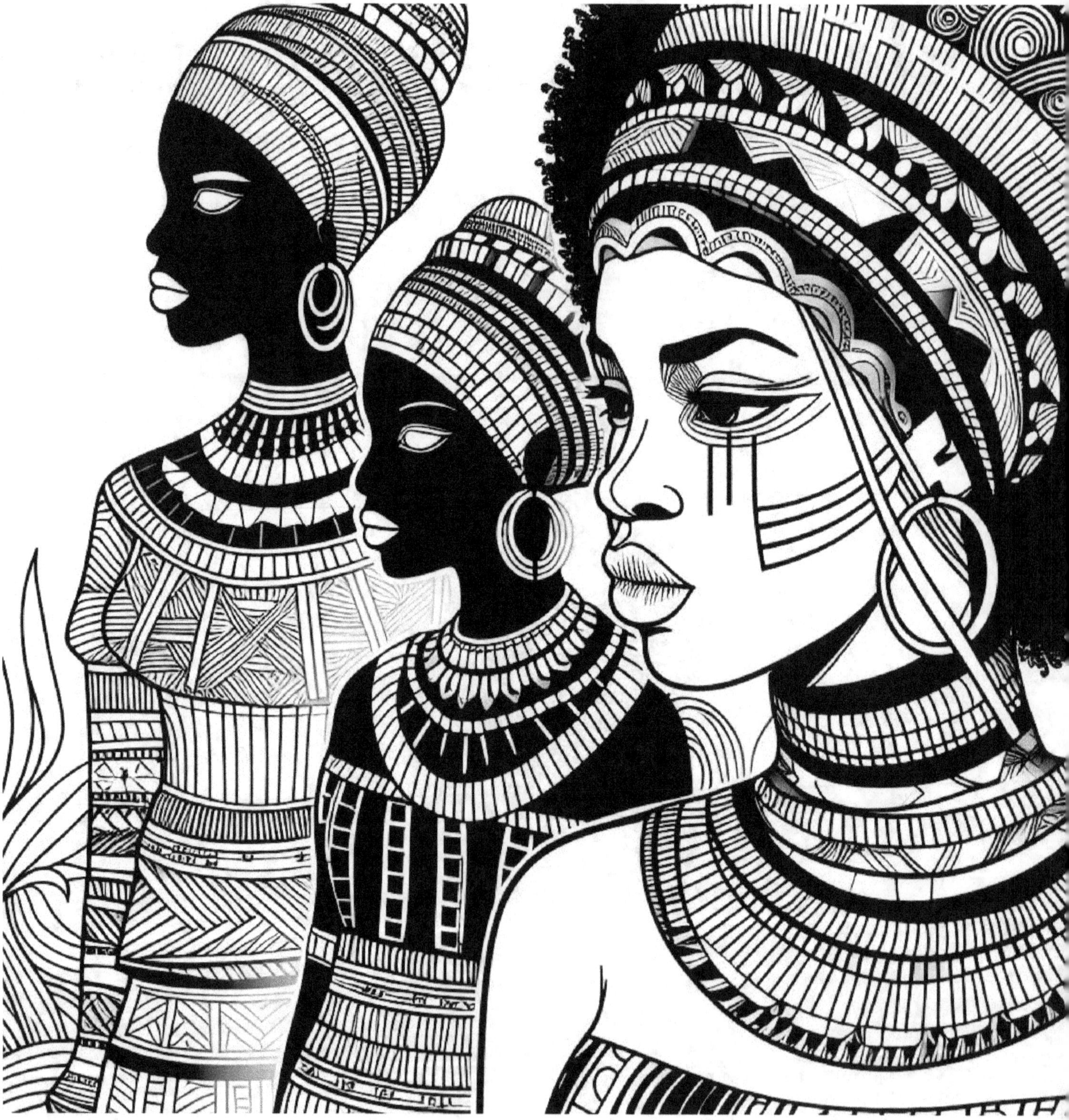

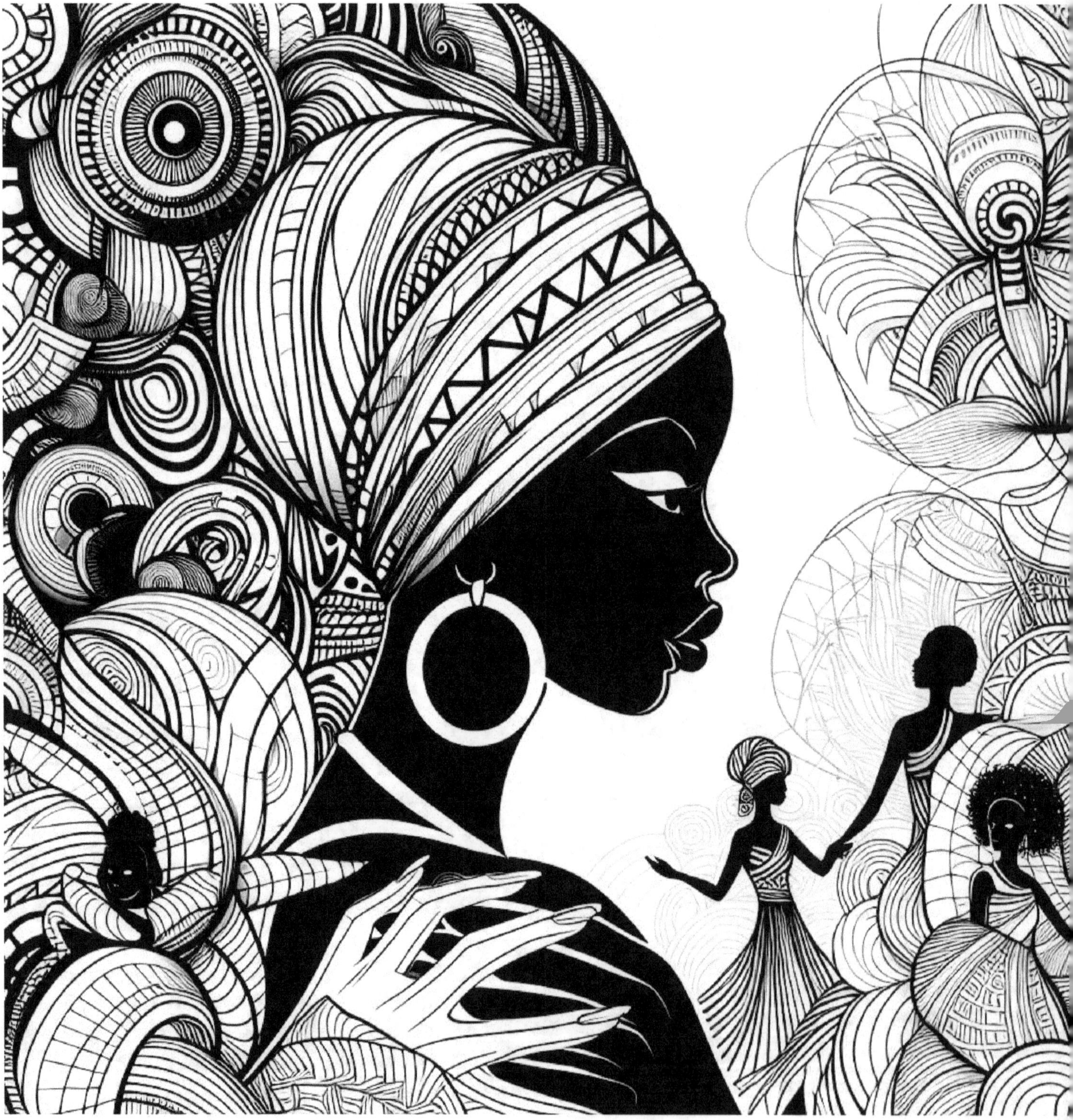

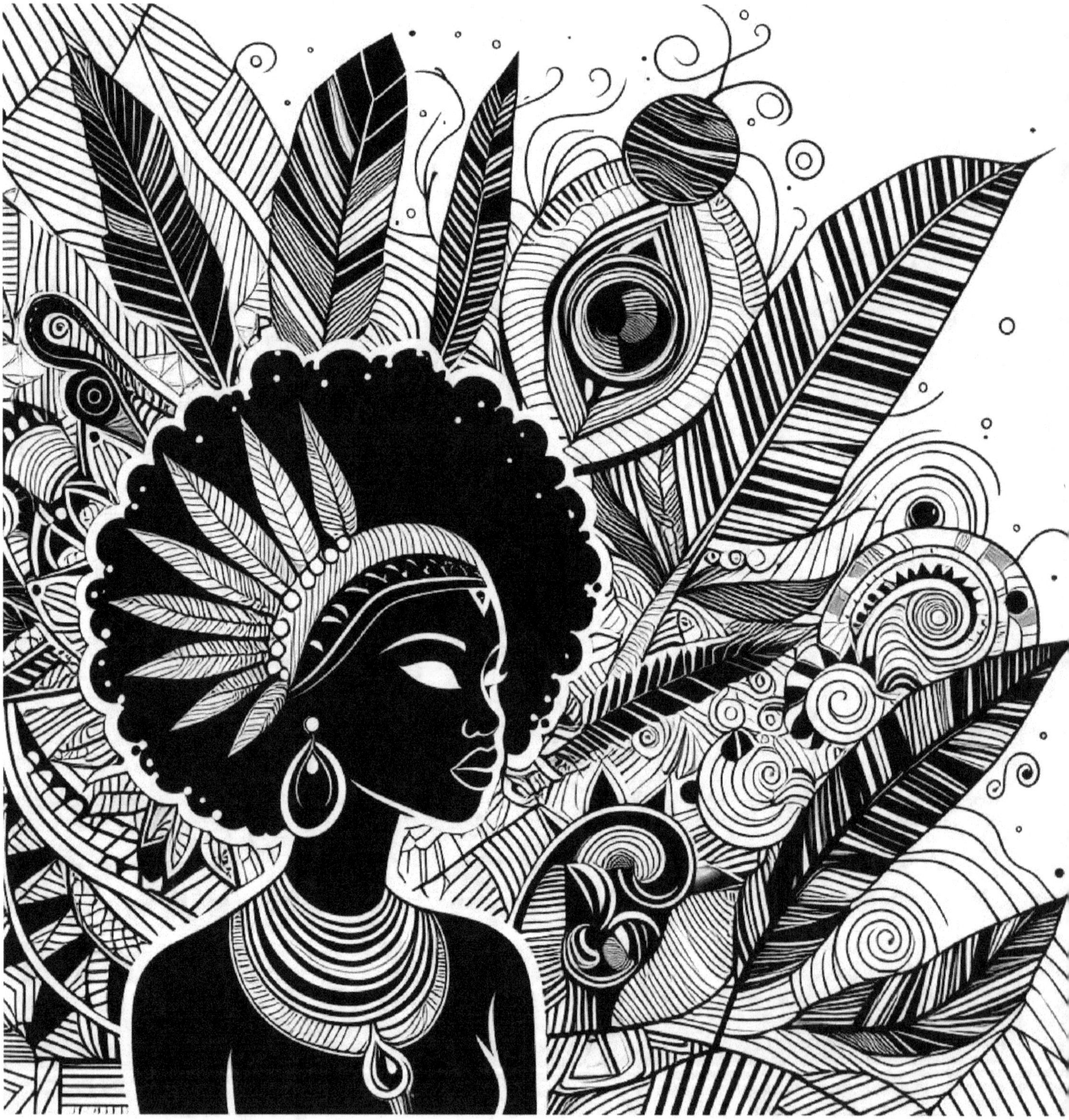

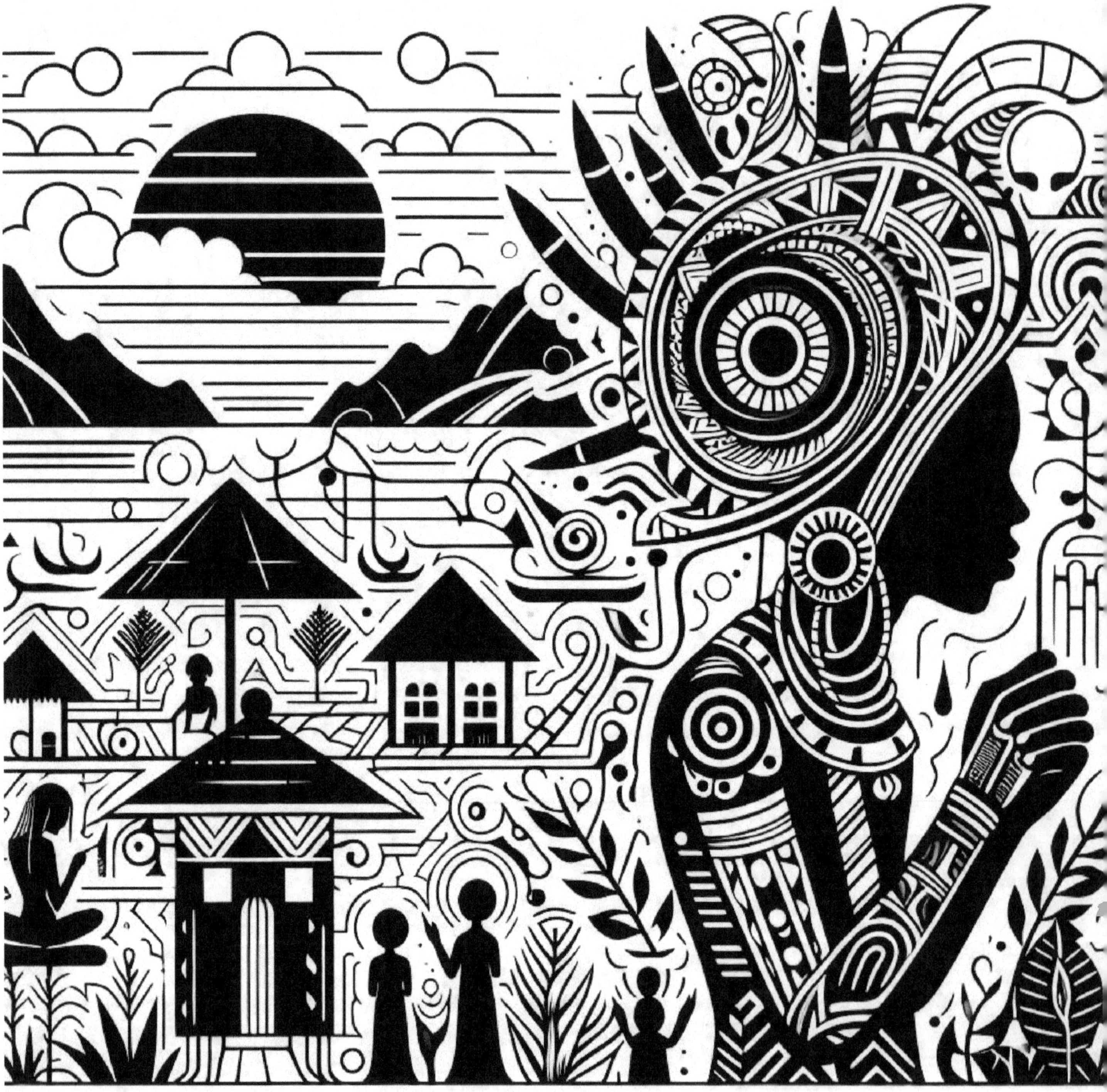

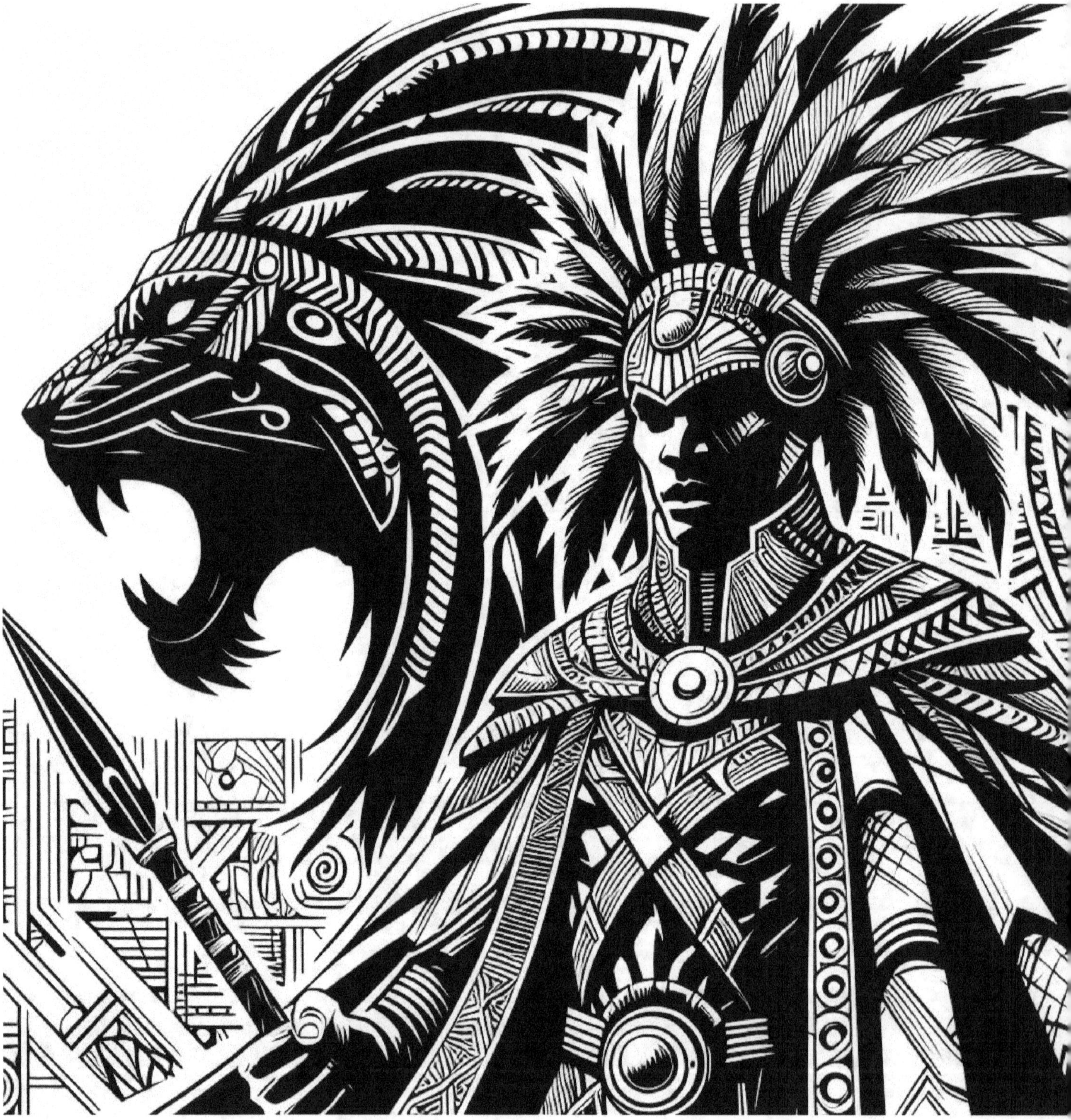

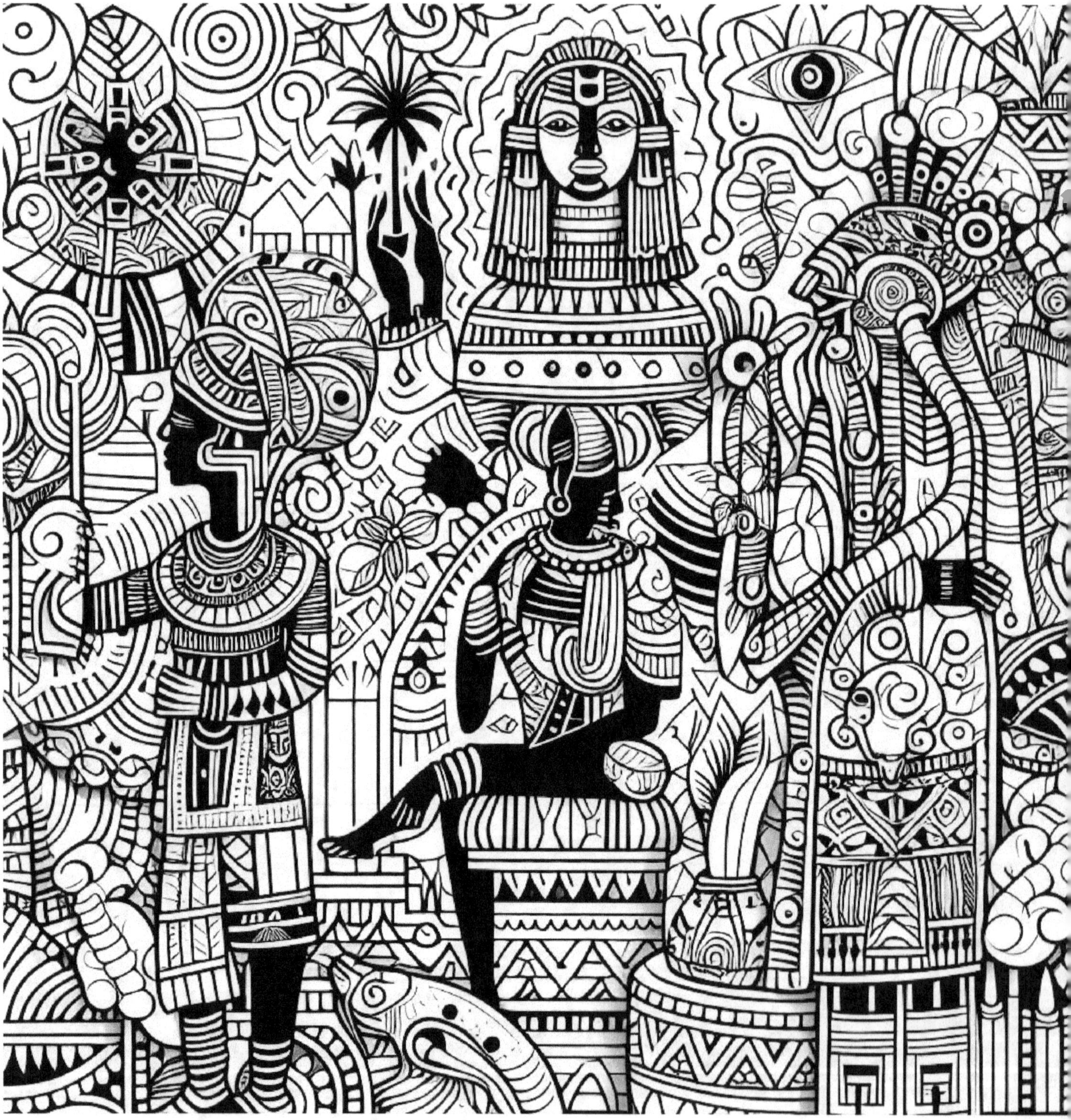

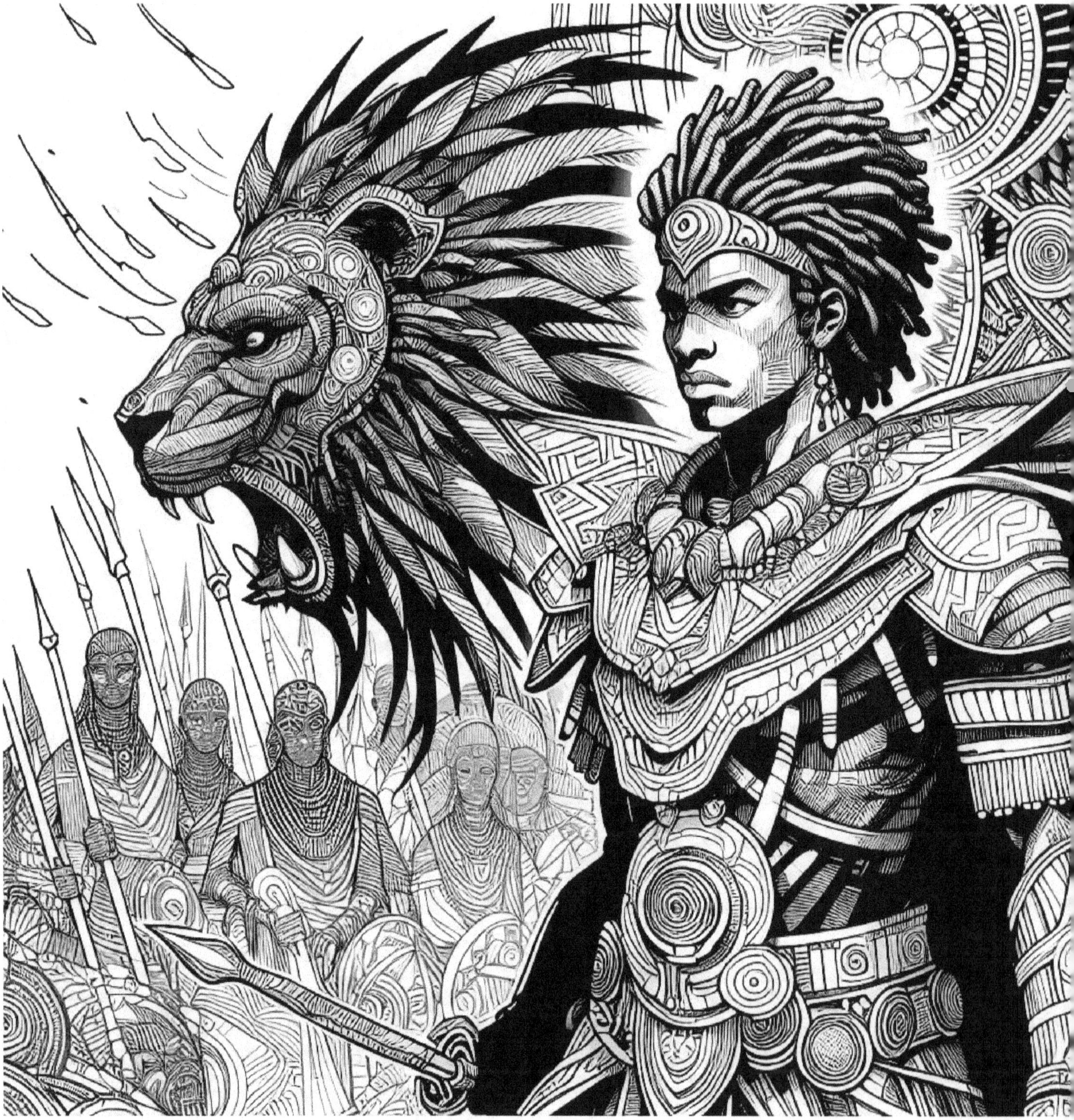

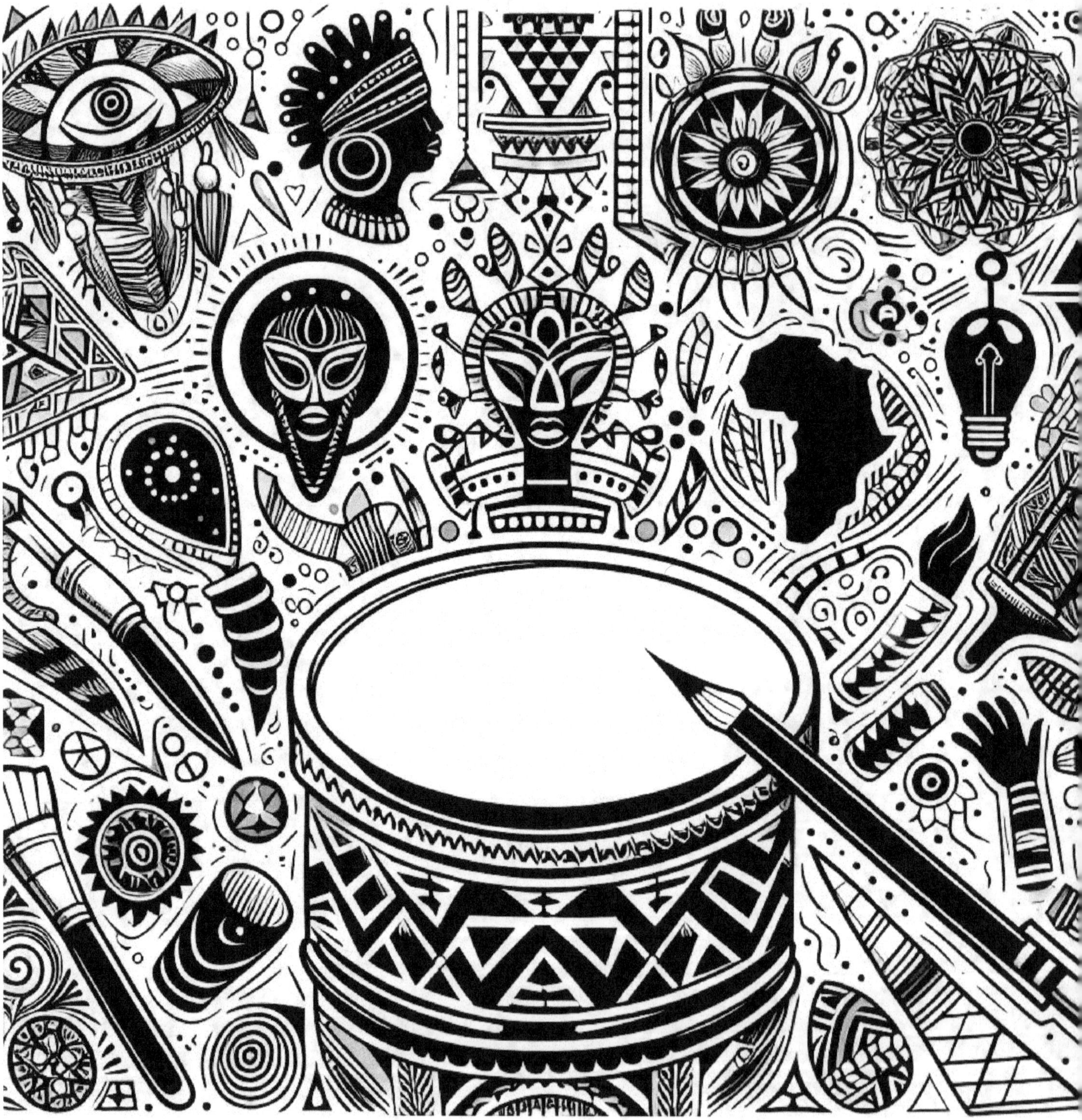

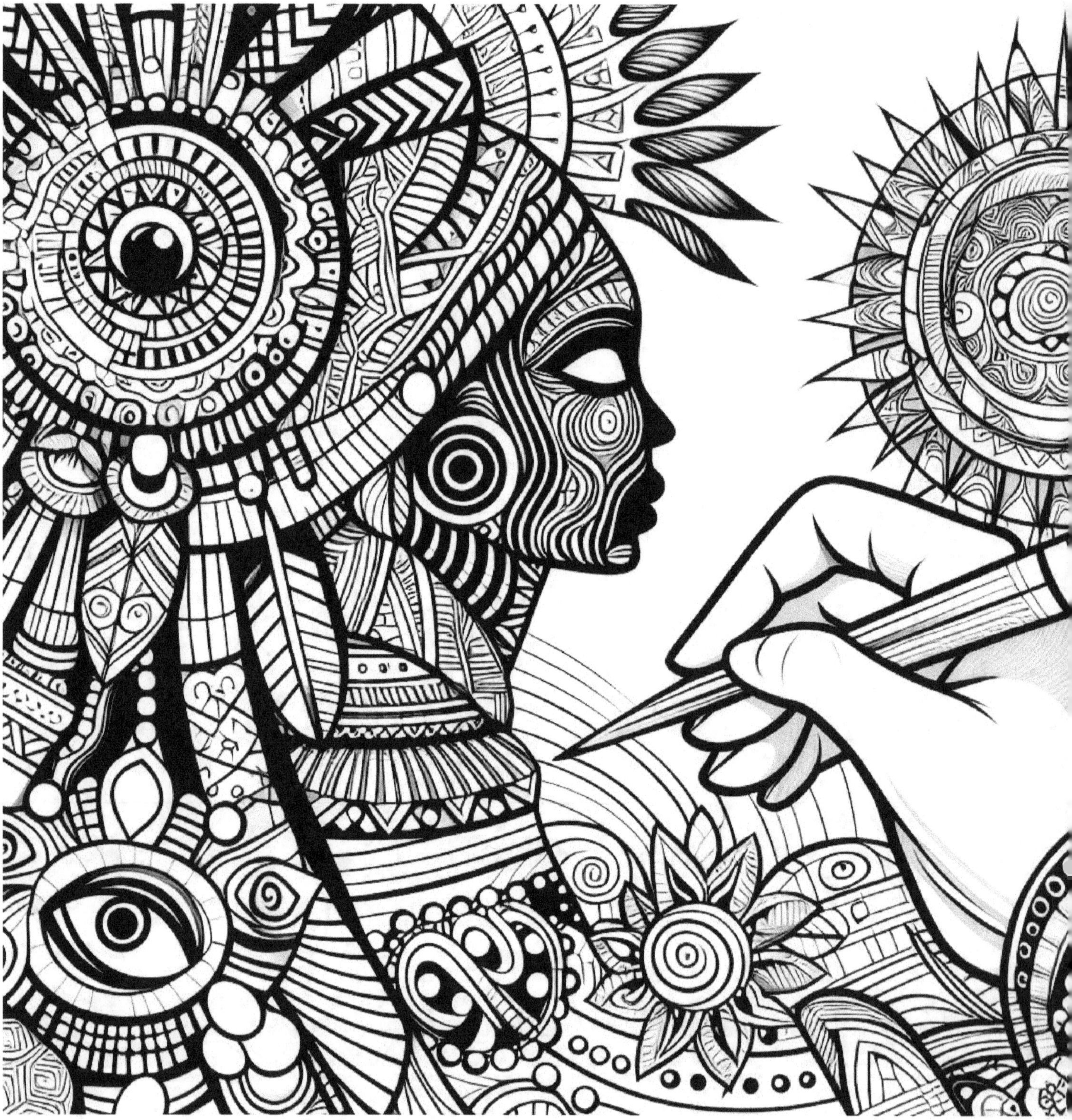

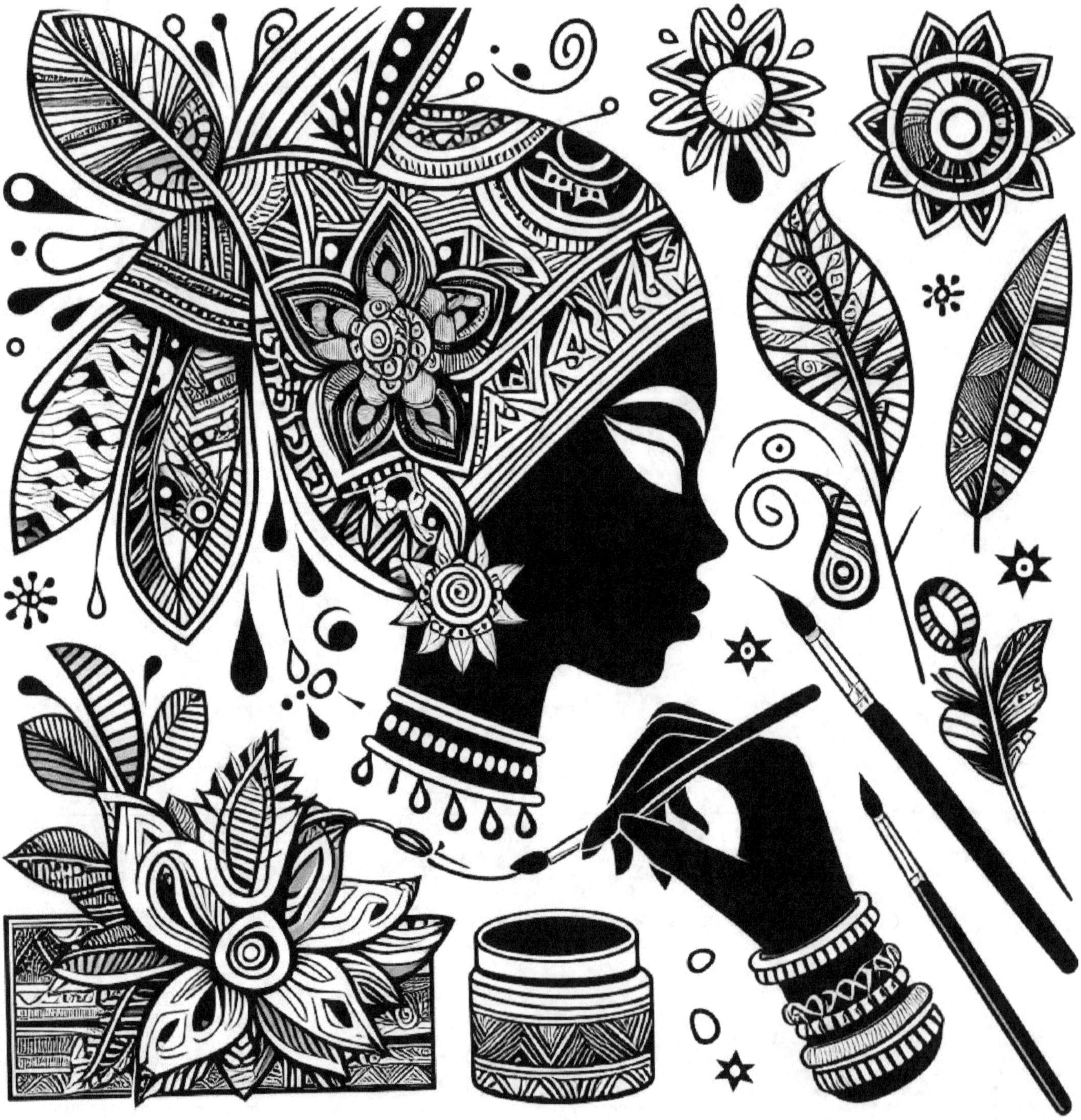

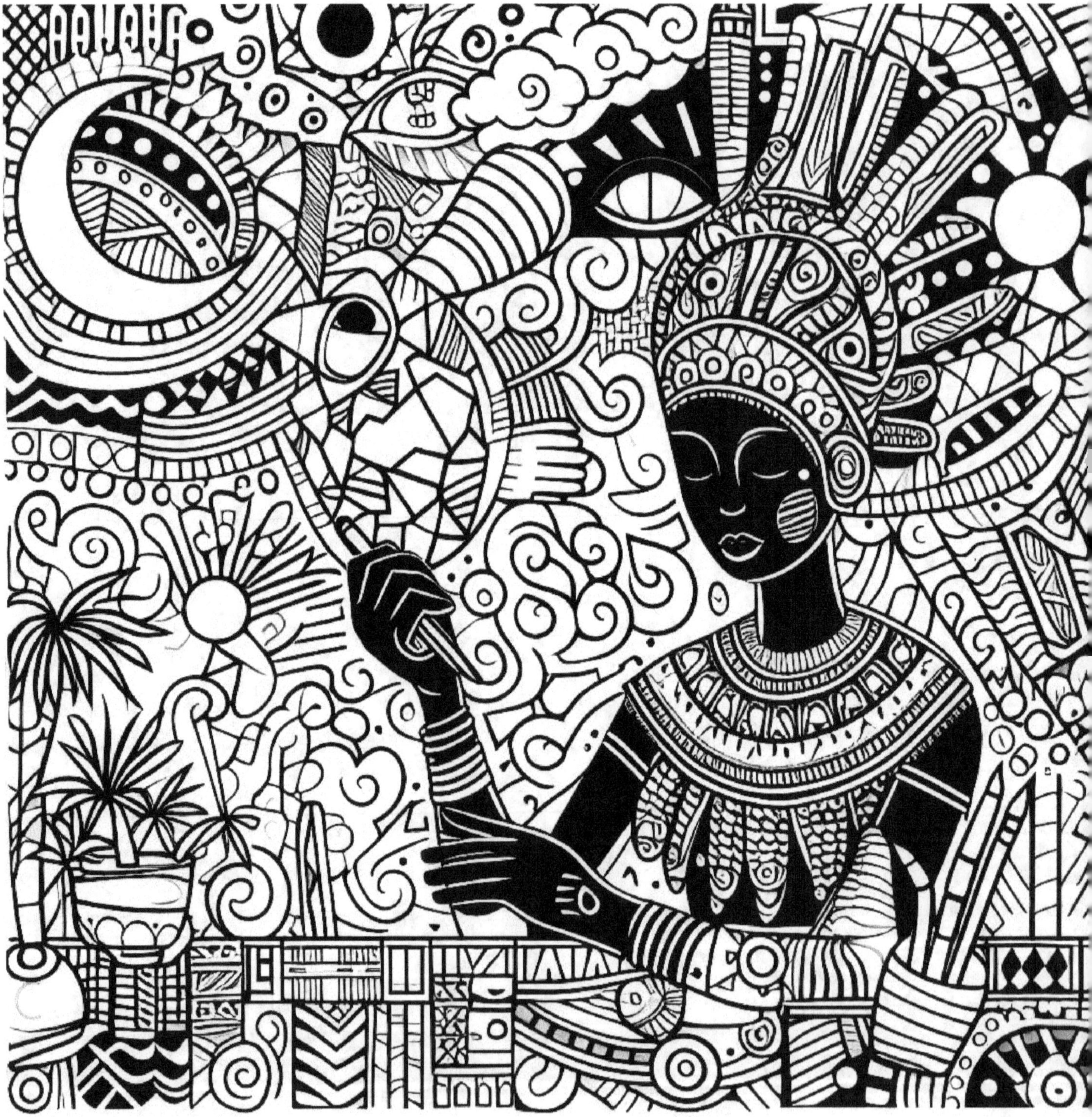

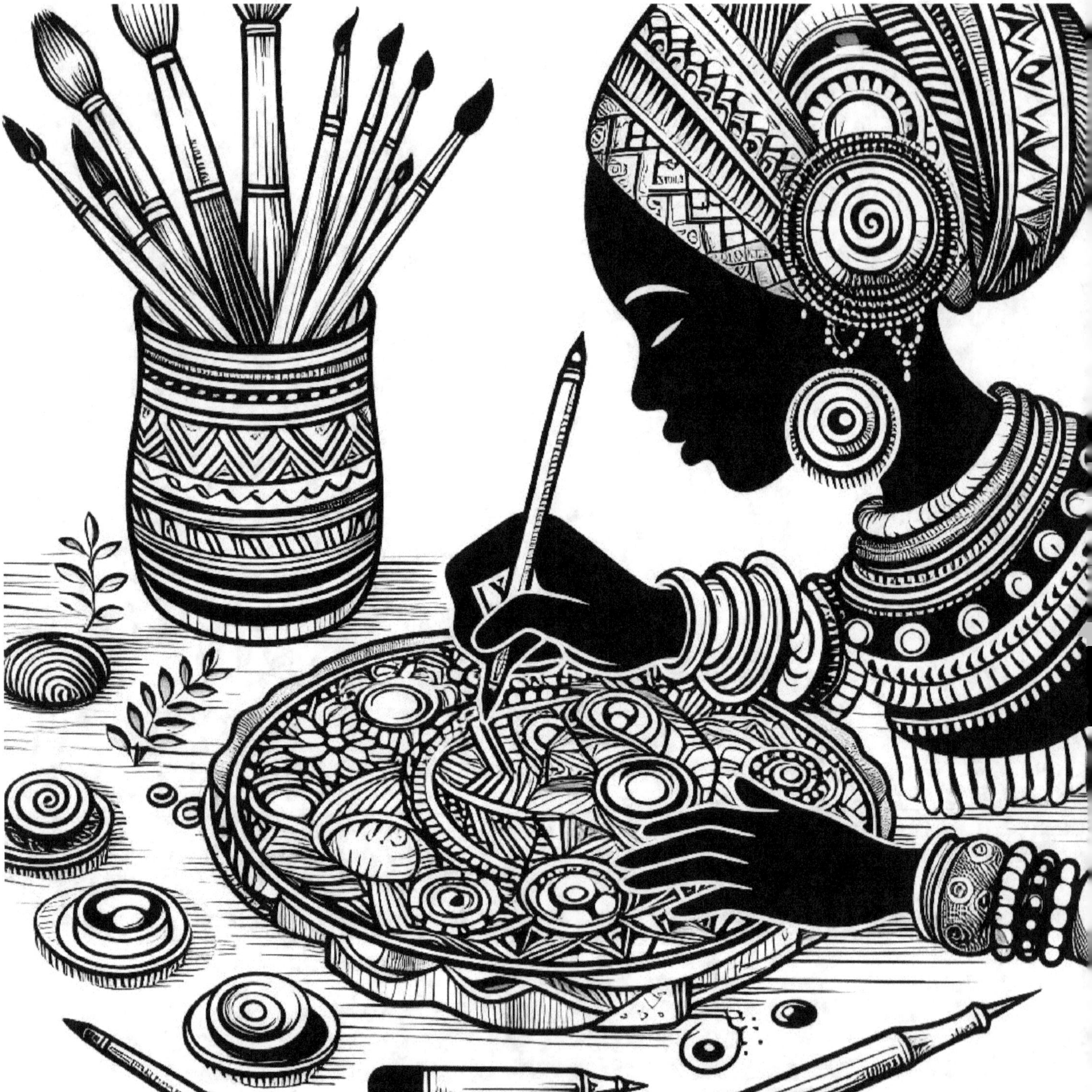

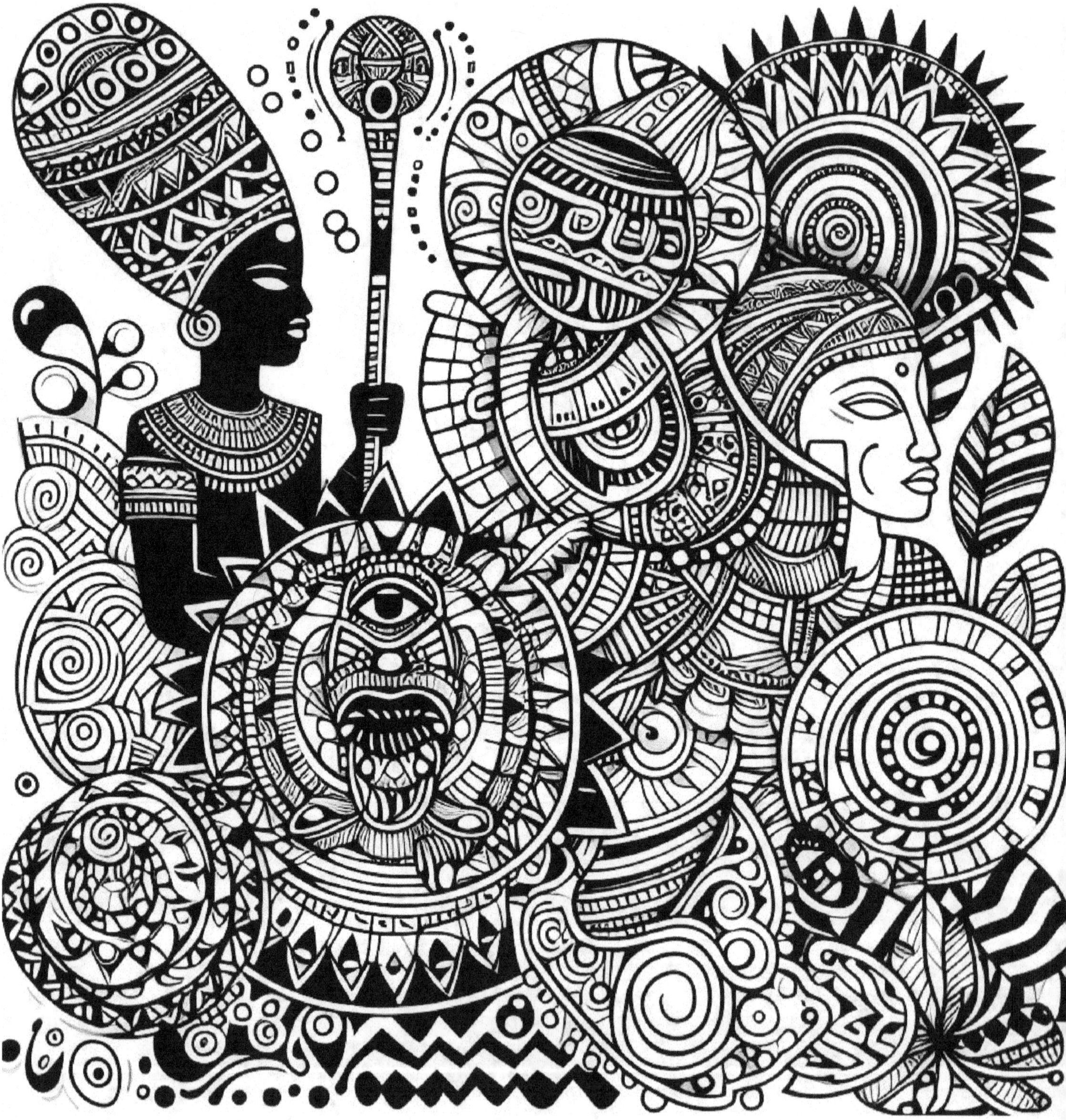

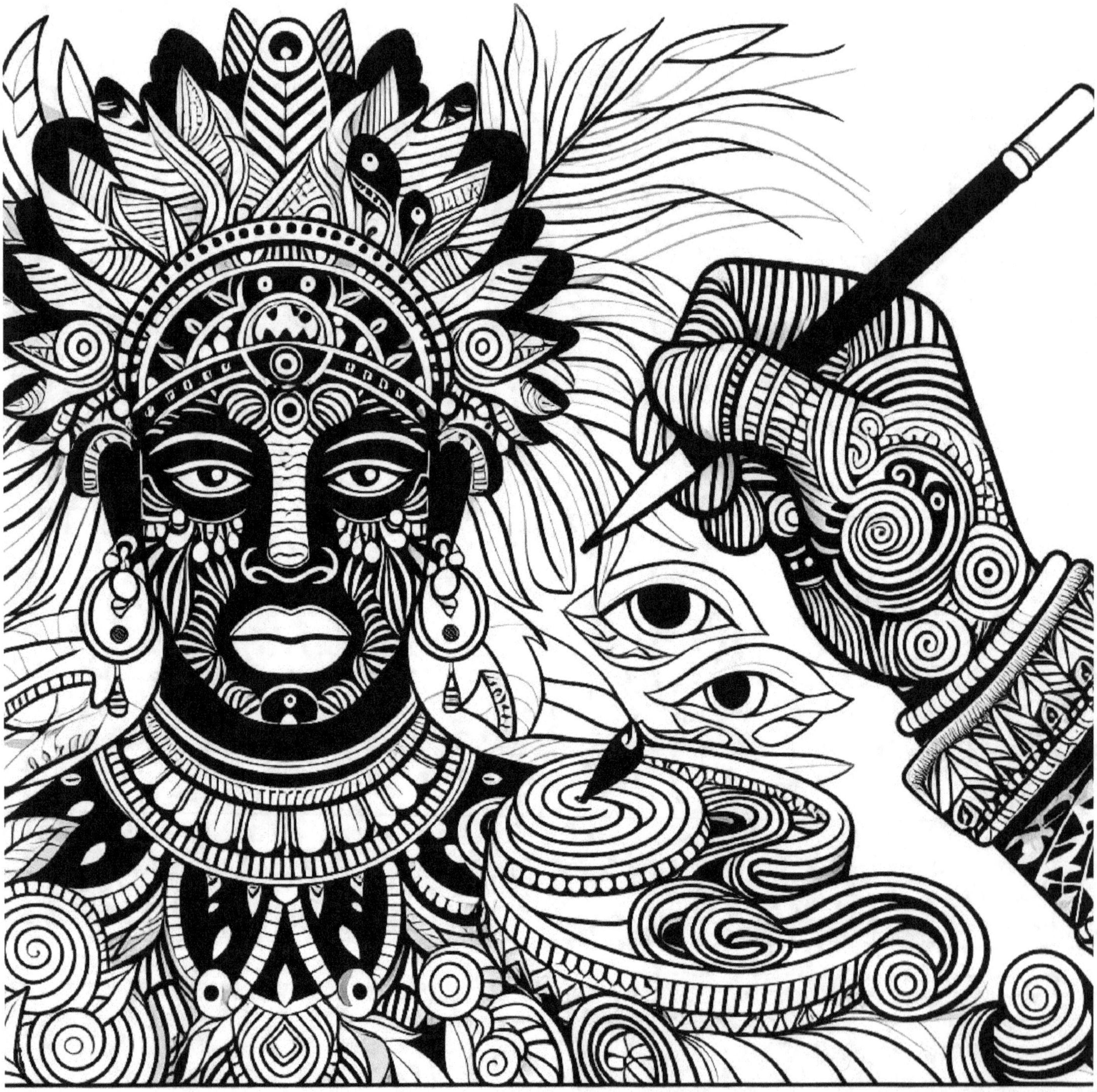

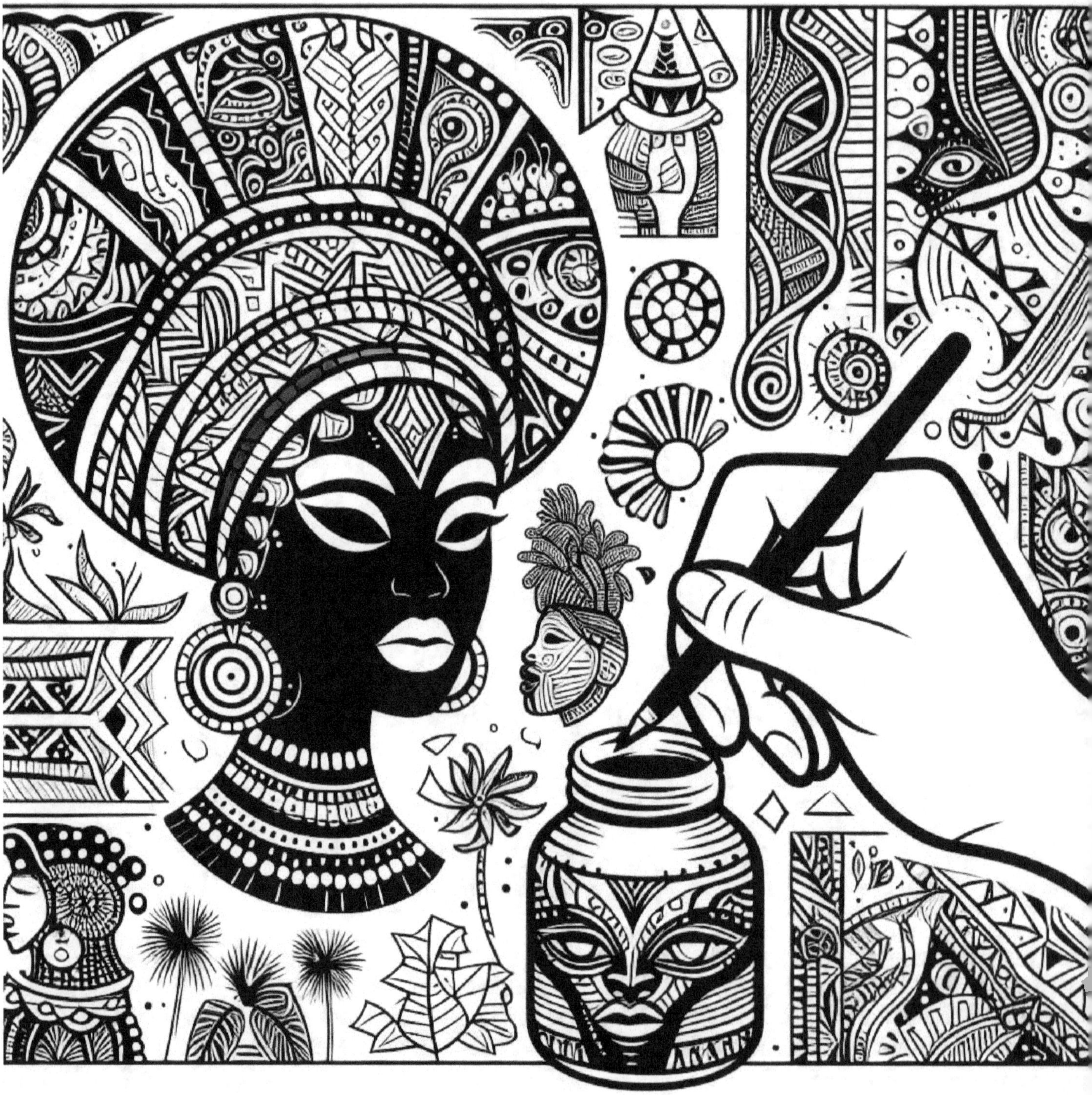

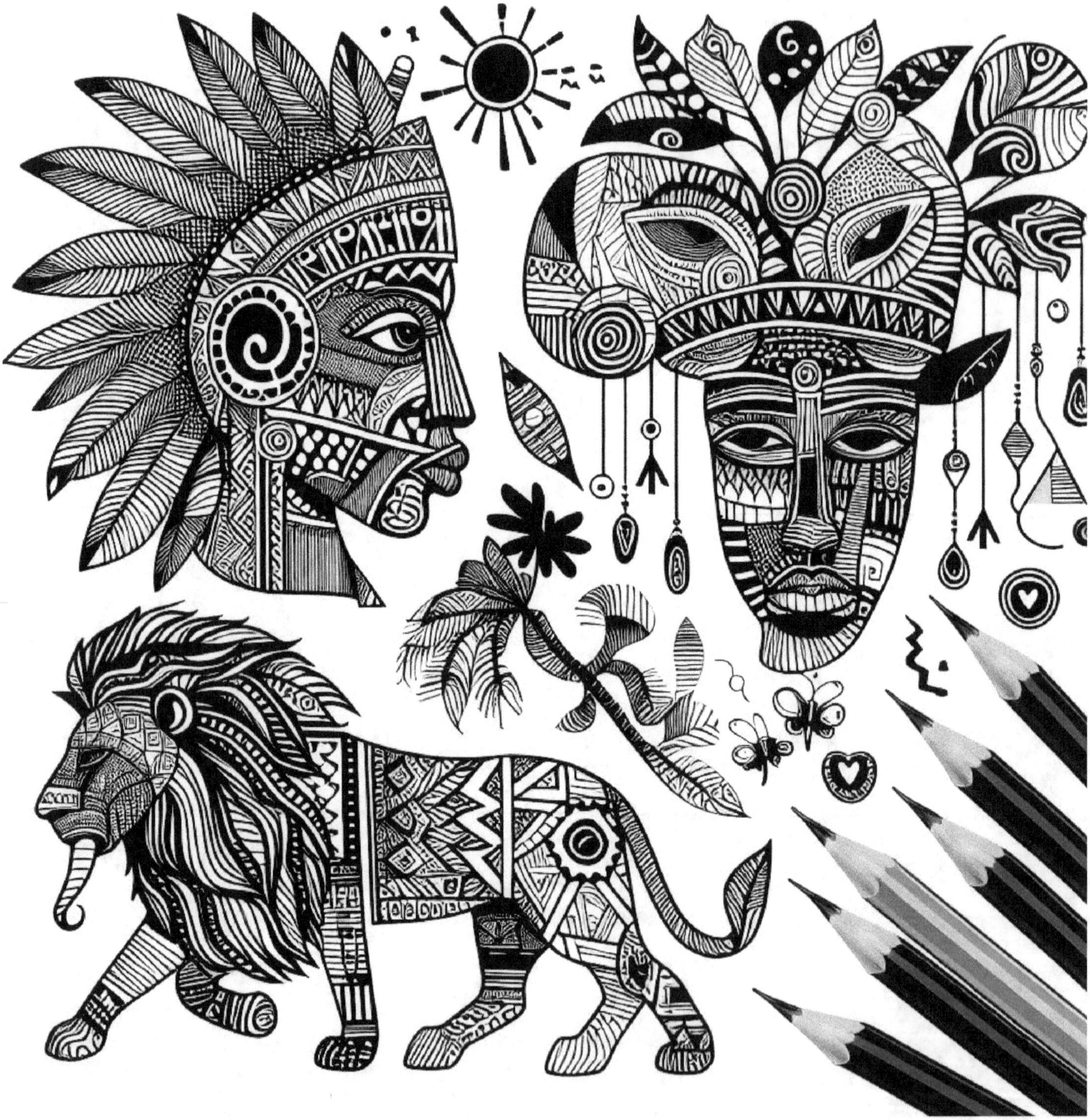

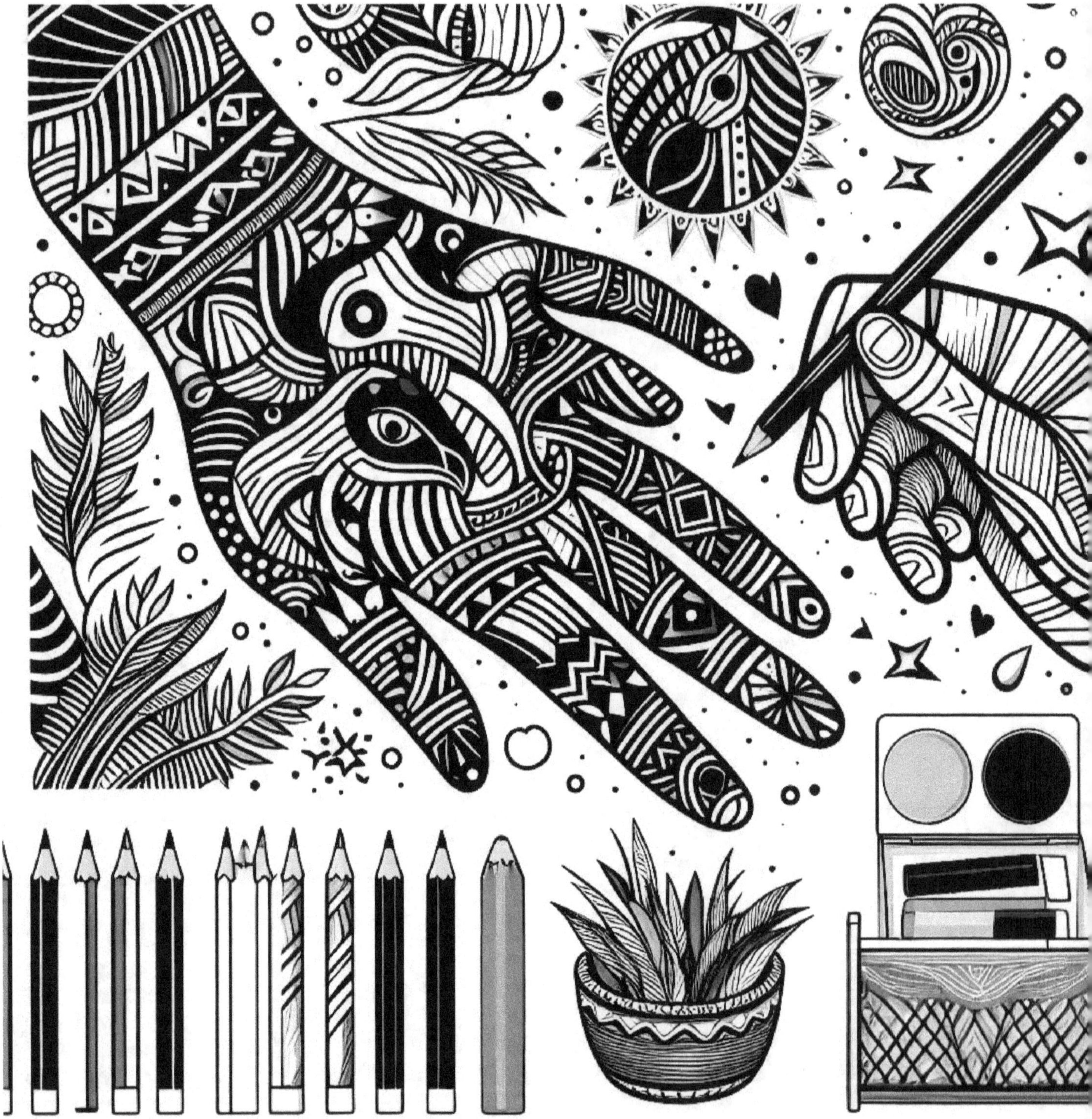

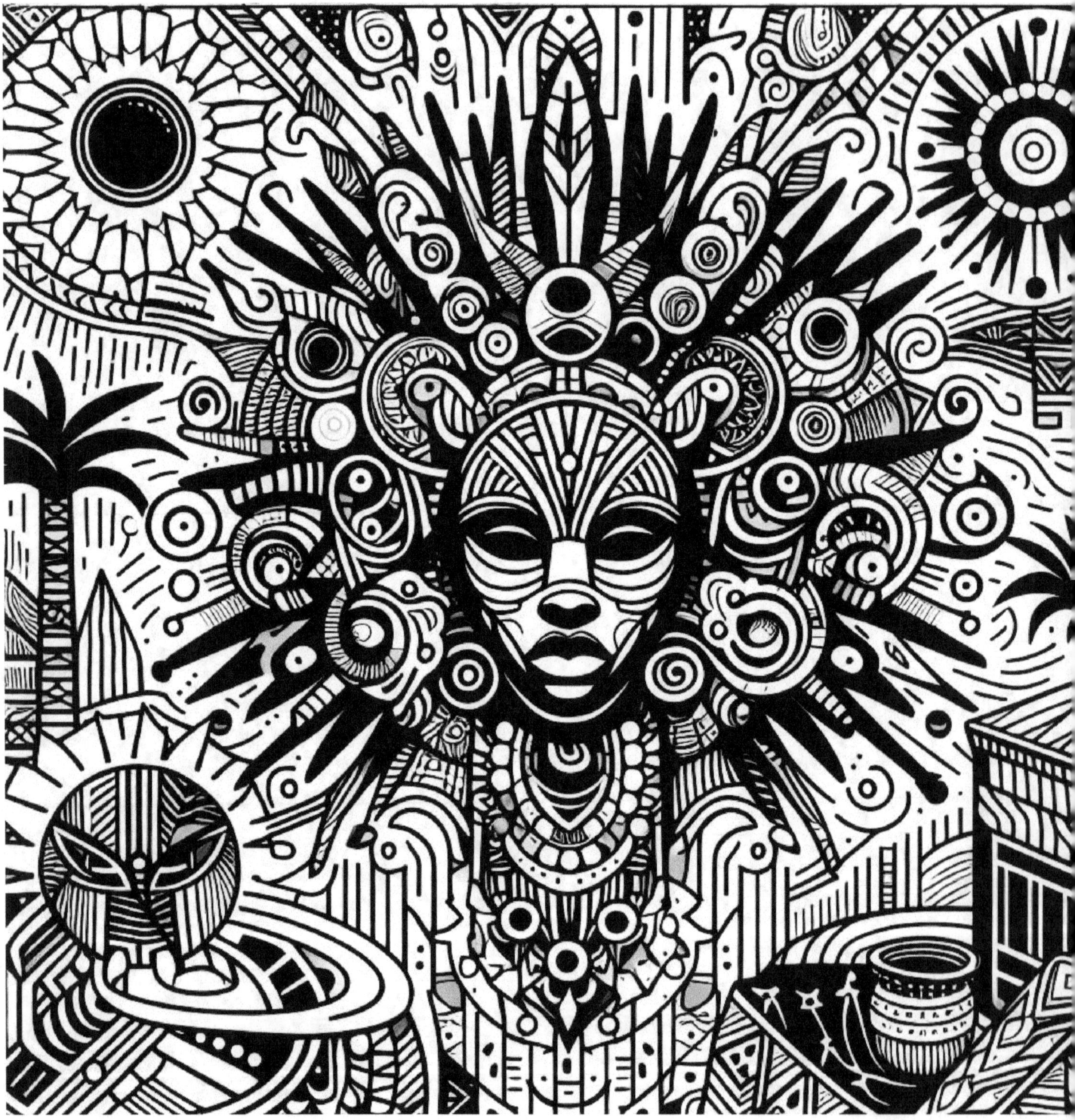

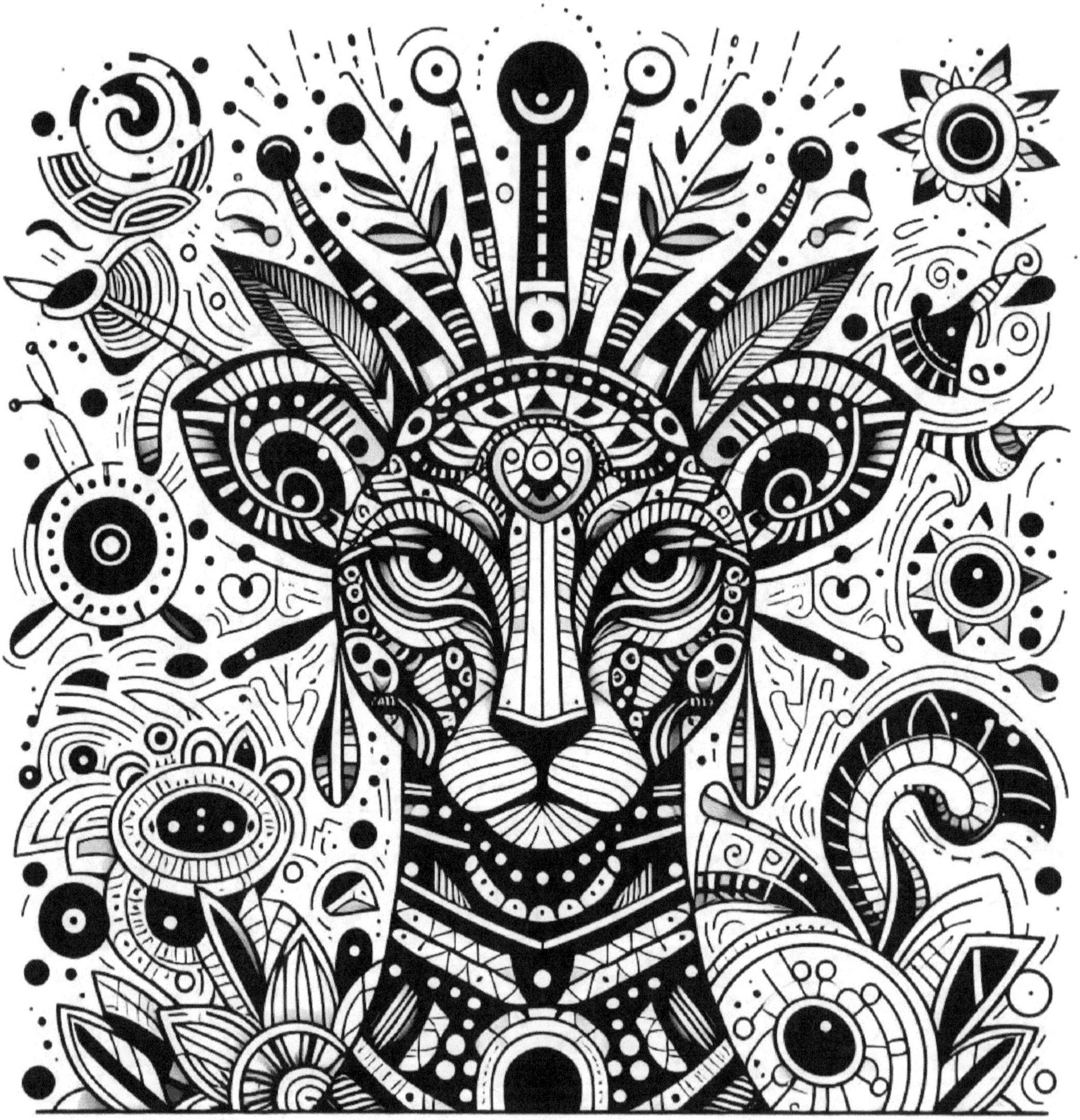

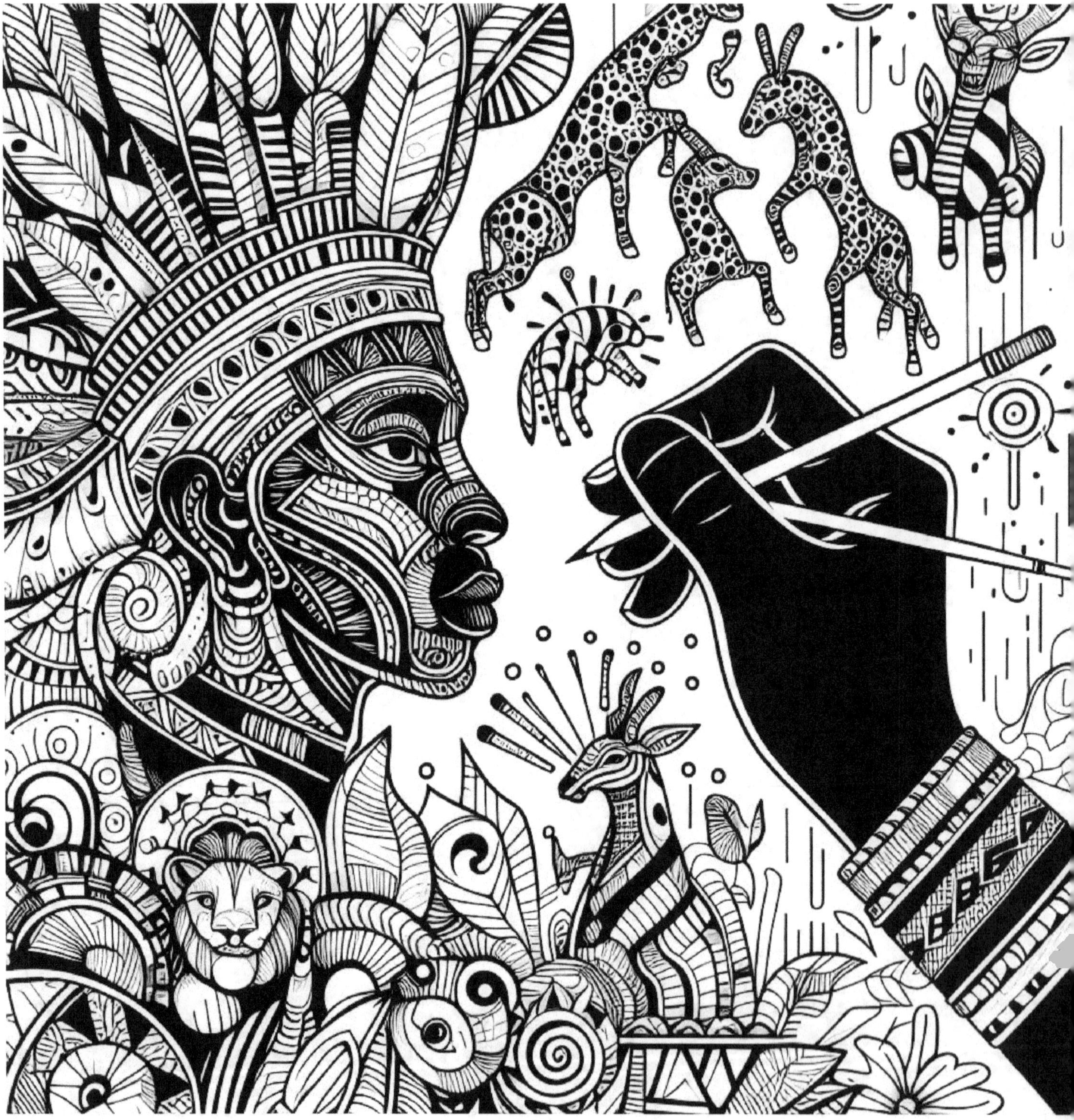

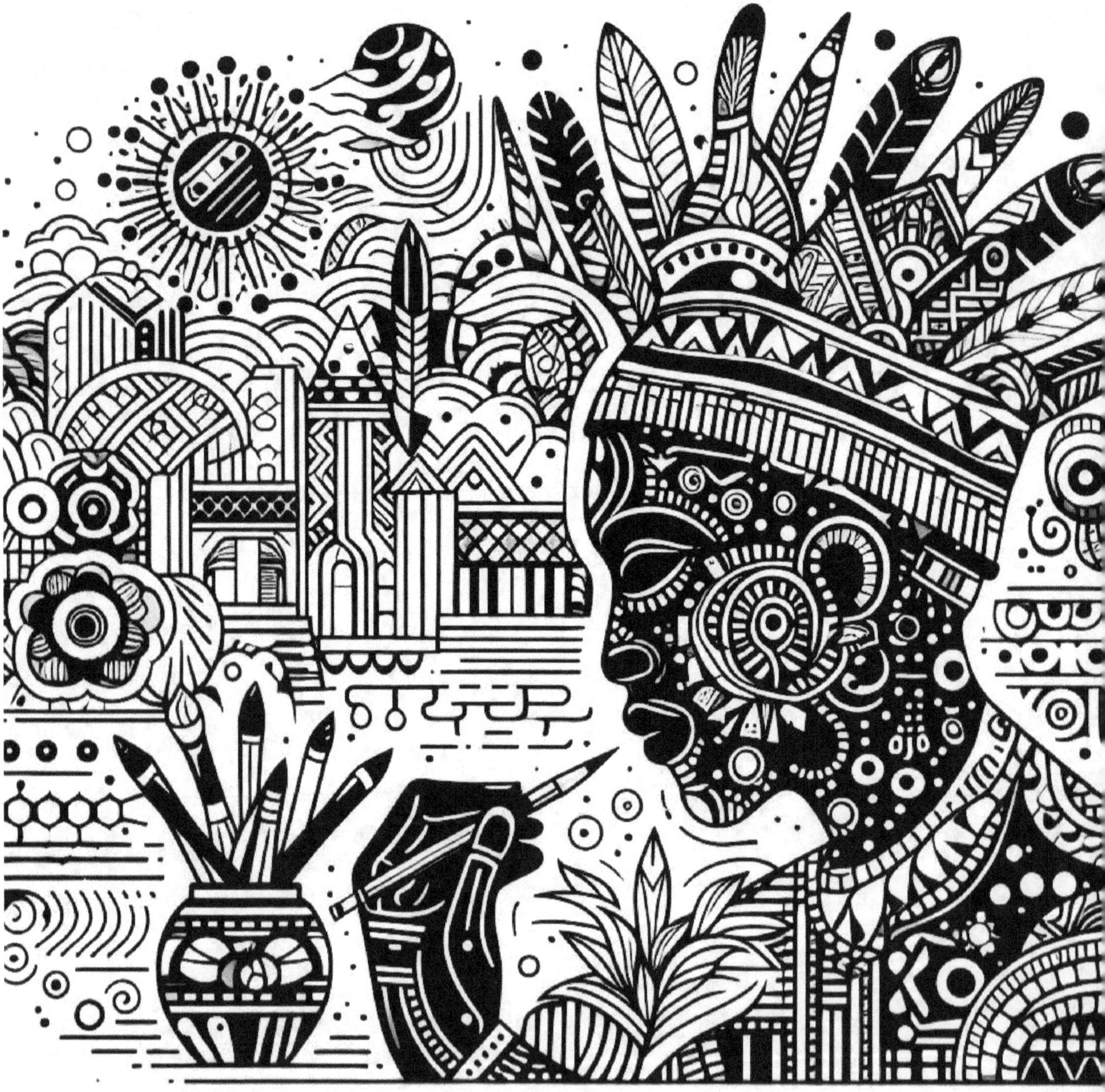

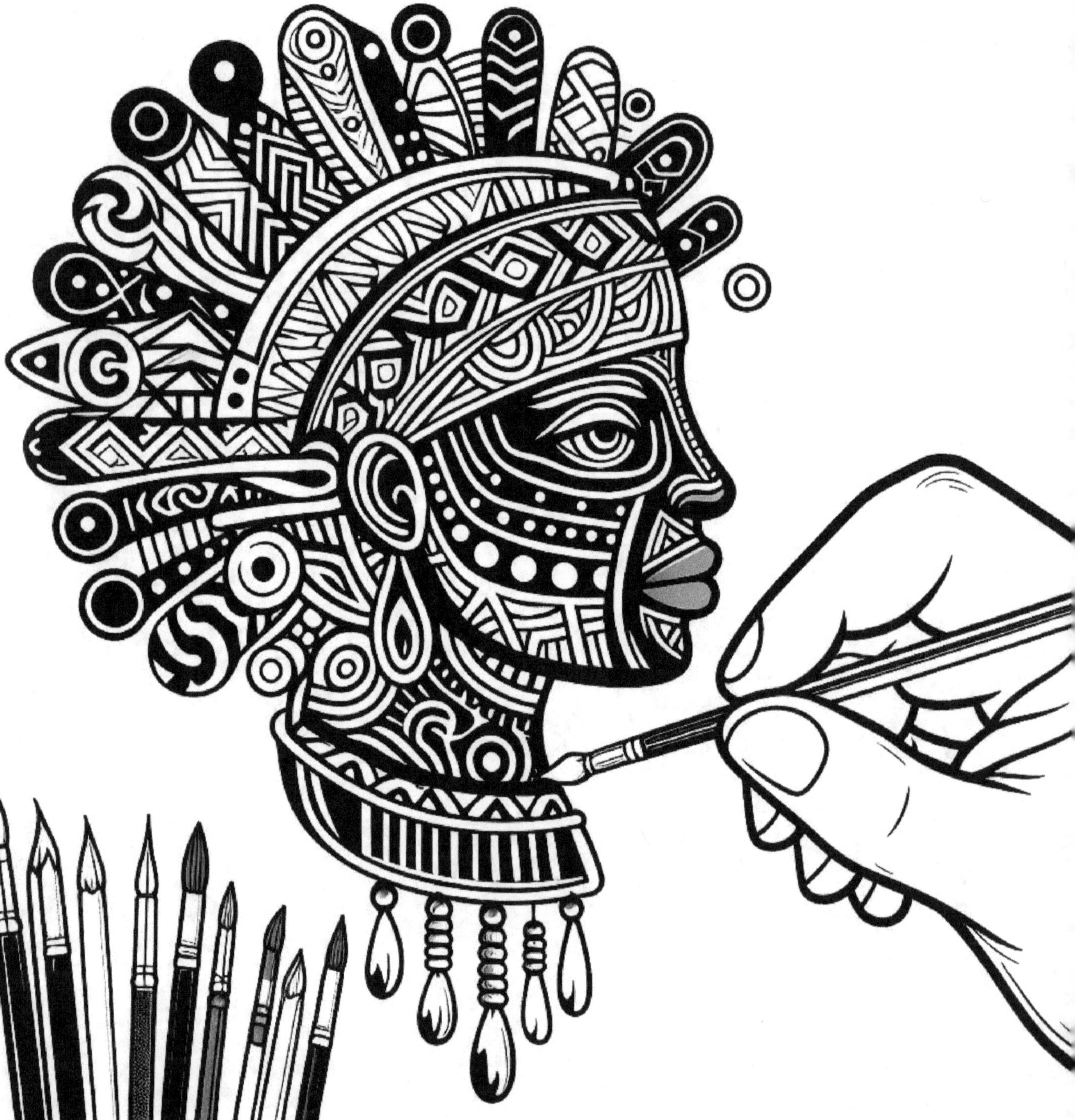

www.ingramcontent.com/pod-product-compliance
Lightning Source LLC
Chambersburg PA
CBHW082222220526
45470CB00010B/3271
* 9 7 9 8 3 2 4 6 8 1 5 0 0 *